Gian Marco Boccanera

@gmboccanera

Mediazione delle liti: intuizioni e prospettive

Relazione al Convegno "Speakers' Corner" sulla Mediazione del 13 luglio 2012 presso la "Sala della Mercede", Camera dei Deputati, Roma.

Editore:

Lulu Enterprises Inc. 3101 Hillsborough Street

Raleigh, NC 27607 North Carolina U.S.A

Stampato a: Cedex-France

Mandato in stampa il 26 luglio 2012

www.studioboccanera.com

ISBN 9781471793240

Indice

Semplificare la complessità per migliorare il Sistema Paese

Il contesto Istituzionale che ospita questo Convegno presso la Sala della Mercede della Camera dei Deputati e la grande qualificazione degli illustri relatori e intervenuti che mi hanno preceduto e che mi seguiranno rafforzano in me la convinzione, già espressa anni addietro, che la **MEDIAZIONE** non è solamente un Istituto Giuridico del pari di molti altri, ma è un **Istituto Strategico di sviluppo e miglioramento del nostro SistemaPaese ITALIA.**

Un SistemaPaese che non riesce a superare la revisione imposta dai tempi, dai nuovi bisogni da soddisfare e dalle tecnologie che avanzano inesorabilmente e che rischiano di condannarci al declino, prima strategico, poi economico e poi ancora sociale.

La complessità del nostro Sistema sociale che si esprime attraverso una pluralità eccessiva di componenti e attraverso una forte interconnessione tra le stesse poteva andar bene in periodi di "vacche grasse" e di boom economico. In momenti di ottimistica euforia in cui non si stava troppo a guardare sui costi e sulle (scarse) efficienze di un Sistema pluricentrico, in cui il potere e le decisioni a tutti i livelli venivano amministrate a strati sempre crescenti di complessità e di dialettica.

Adesso col sopraggiungere di una *crisi globale*, questa impostazione ha mostrato tutti i suoi limiti e le sue debolezze. Governare la complessità stratificata e generata da inefficienze sistemiche è diventato non più sostenibile, né a livello politico nè a livello economico. E sta diventando insostenibile anche a livello sociale. Per i costi eccessivi e non più difendibili del suo mantenimento, che impongono dolorose deviazioni delle scarse risorse disponibili al sistema. La coperta è diventata davvero corta.

La cittadinanza chiede di rendere *"più semplice"* la società e i sistemi che ad essa sovrintendono. E Lo fa partendo con istanze e suggerimenti dal basso (*bottom-up*).

L'opinione pubblica sta radicando la convinzione che sia preferibile riportare la società ad un livello di complessità, e soprattutto di litigiosità , inferiore a quello pre-crisi.

I cittadini, cioè chiedono di **SEMPLIFICARE E FACILITARE la complessità.**

Spesso la complessità non compresa e non gestita porta diritto verso l'avversarialità, e questa porta, a sua volta, al blocco delle posizioni e all'escalation del conflitto tra le parti. Con gravi danni e spese, sia individuali che collettivi, che possono invece essere ridotti e minimizzati. Tanto più adesso che le esigenze di finanziamento della cosa pubblica nazionale devono prestarsi ad essere condivise con quelle di finanziamento della cosa europea in aiuto ai Paesi in crisi. Gli impegni finanziari sono sempre più elevati e non ci possiamo permettere di trascurare risorse nazionali, neppure quelle latenti del conflitto.

Se ci limitiamo ad osservare solo la *veste giuridica* di cui è rivestito un qualsiasi conflitto rimaniamo in ambito della avversarialità, della contrapposizione delle posizioni, simile alla tattica di trincea e di posizionamento della Prima Guerra Mondiale.

Approccio metacontroversiale alle liti

Se invece ci sforziamo di fare astrazione e spostiamo l'ottica in una dimensione **METACONTROVERSIALE**, ovvero andiamo OLTRE gli aspetti evidenti, visibili della controversia, così come essi appaiono a prima vista, allora stiamo indagando una sfera più sensibile del problema, per la quale spesso la soluzione viene trovata ad un livello diverso da quello prettamente giuridico. Metacontroversiale significa cercare soluzioni in mediazione che vadano al di là delle apparenze della controversia, superando la logica tradizionale della spartizione proporzionale della torta tra i contendenti, in modo che ciascun aumento dell'uno corrisponde simmetricamente ad un decremento dell'altro.

Invece in MEDIAZIONE la soluzione creativa *"metacontroversiale"* indaga ambiti, al di fuori e al di là delle evidenze fenomeniche della controversia, ambiti che appartengono ad una altra Sfera, superiore, non evidente, sensibile, avvicinabile solo con approccio creativo e fantasioso al problema.

Parafrasando un termine tecnico-giuridico, METACONTROVERSIALE riguarda la sfera dell'*ULTRAPETITUM* e dell'*EXTRAPETITA*, cioè di quello che non è compreso nell'oggetto della lite (*petìtum*), perché non ne potrebbe costituire oggetto o semplicemente perché non si vuole che ne costituisca (*ultrapetitum ed extrapetitum*), per svariati motivi.

METACONTROVERSIALE è l'ambito e la DIMENSIONE che differenzia la Mediazione/Conciliazione dalla Transazione e sarà l'ambito in cui i Professionisti Negoziatori di parte, sotto la guida e il tutoraggio del Mediatore, dovranno confrontarsi per linee sensibili al fine di fare emergere i veri bisogni sottostanti la lite fra le parti di cui hanno la fiducia, e per fornirne adeguate risposte creative e non convenzionali.

Occorre però trovare un **paradigma nuovo di RIFERIMENTO** che ci faccia CONCORDARE SU COME SI FA A CONCORDARE.

Eupetenza e Competenza

L' esigenza di SEMPLIFICARE e FACILITARE la complessità di sistema si traduce in un approccio mentale e d'animo che ho chiamato **EUPETENZA**, utilizzando una parola greca (*eupetes*, *es*) che significa "facile, agevole" . E che reca in se la radice, sempre greca, *"EU"* di grande impatto simbolico in quanto antico nome del "bene".

EUPETENZA sta a significare il possesso di atteggiamento mentale e qualità d'animo alla *facilitazione* di ciò che è , o che appare, difficile e complicato.

Il Professionista che opera in MEDIAZIONE a mio avviso deve possedere **COMPETENZA**, quale conoscenza approfondita del sapere tecnico nella materia trattata e arte tipica delle Professioni sin dall'alba dei tempi. Egli deve possedere anche **EUPETENZA**, quale predisposizione d'animo e di intelletto al raggiungimento di un obiettivo assegnato, semplificando e facilitando le fasi intermedie che si frappongono ad ostacolo. Nella considerazione che tale obiettivo è foriero di soddisfazione non solo di interessi personali, ma anche e soprattutto di interessi collettivi, che andrebbero misurati.

Eupetenza è la capacità di cogliere il "particulare", non a scapito, ma a vantaggio del "generale".

L'EUPETENZA, quindi, è arte e consapevolezza di RENDERE FACILE, ovvero arte di FACILITARE i rapporti e le composizioni degli stessi su binari comuni. È la predisposizione d'animo alla ricerca dell'armonia della composizione e del MIGLIORAMENTO DEL FARE per il raggiungimento di un obiettivo condiviso, anche di valenza collettiva. Nella consapevolezza che la migliore alternativa possibile all'accordo negoziato, o al mantenimento dello *status quo ante*, rappresenta un risultato inferiore.

EUPETENZA è l'assetto di partenza per affrontare, in superiore, armonica e condivisa **sintesi,** le contrapposte **tesi** ed **antitesi** di hegeliana memoria, sublimandole nella fusione. Riecheggia un po' l'arte di togliere i bastoni dalle ruote, per consentire al *Carro Nazionale* di continuare il suo percorso. Nella profonda convinzione che il *Carro Nazionale* porta tutti noi, e che ciascuno ne possa e ne debba contribuire alla inarrestata marcia verso lo *sviluppo futuribile* della democrazia e della qualità dei suoi cittadini.

EUPETENZA è l'esatto contrario della strisciante abitudine di "mettere i bastoni nelle ruote" ovvero il contrario di avviluppare di lacci e laccioli di complessità, spesso inutili ed autoreferenziali, il libero svolgimento delle umane attività, detto **OSTRUZIONISMO**.

L'eupetenza è il contrario dell'ostruzionismo, che tanto frena e rallenta la spinta all'innovazione e al cambiamento, oggi quanto mai indispensabile per non scadere nella decadenza di Sistema, che oggi è sotto gli occhi di tutti noi.

Serve eupetenza nell'approccio sistemico alla Mediazione, affinchè essa entri stabilmente nel patrimonio di abitudini del Sapere Tecnico Professionale e – per suo tramite- nella collettività. Superando le logiche quanto prevedibili diffidenze che accolgono ogni cambiamento epocale e ogni fase di transizione della società civile.

Costruzionismo nel miglioramento del Sistema Paese

Lo stratega Niccolò Machiavelli diceva che "laddove men si sa, più si sospetta", indicando una IDENTIFICABILE e diffusa predisposizione d'animo alla conservazione dell'esistente, al mantenimento dello *status quo*, poiché ciò che è NUOVO, e quindi DIVERSO da quello che siamo abituati a vedere, sentire e pensare, detto INNOVAZIONE, non sempre viene adeguatamente compreso, ma spesso anzi viene visto con occhiuto e malevolo sospetto da chi non riesce a comprenderne la portata, o ne teme rischi per il mantenimento delle proprie rendite di posizione, oppure - più sottilmente a livello psicologico - teme di soffrirne una *deminutio capitis*, ovvero una diminuzione della propria personale importanza e riconoscibilità sociale, sino ad allora goduta.

Eupetenza significa COSTRUZIONISMO (contrario di OSTRUZIONISMO), ovvero l'arte e la predisposizione di liberare i vincoli mentali, psicologici ed ideologici rispetto al **cambiamento** di opinione, abitudine, modo di fare e di ragionare, per renderlo comprensibile, fluido, auspicabile, conveniente, nella acquisita consapevolezza che questo, il nuovo, è migliore della situazione precedente, ai fini dei superiori interessi collettivi.

Quanto grande è il bisogno del Paese ITALIA di un atteggiamento rinnovato di questo tipo?

Si pensi solo alla tempistica e alla qualità delle decisioni (*decision-time*) che sovrintendono all'organizzazione delle Opere Pubbliche di ogni tipo, alla programmazione, realizzazione e controllo della Spesa Pubblica, alla finalizzazione efficiente di risorse verso la EFFETTIVA fruizione collettiva.

Oggi tutto questo si comincia a chiamare *Spending Review*. E per realizzarla, la politica ha chiamato i Tecnici, cioè appunto soggetti in possesso di particolari COMPETENZE, che devono essere in grado di FACILITARE e SEMPLIFICARE con EUPETENZA quello che è diventato così complesso da apparire inestricabile. Si pensi solo alle "buone pratiche" (*best practices*) che possono diventare opportune "linee guida" da seguire per il miglioramento nella gestione della **Cosa Pubblica e per governare la riduzione dalla complessità**.

L'EUPETENZA, cioè, può identificarsi con **L'ARTE E LA STRATEGIA APPLICATA NEL FACILITARE IL CAMBIAMENTO PER IL MIGLIORAMENTO PERSONALE, PROFESSIONALE E COLLETTIVO del Sistema-Paese**.

La mediazione è condivisione connessione e collaborazione

Ennio Flaiano con una efficace rappresentazione diceva che "in Italia la linea più breve per unire due punti è l'arabesco", indicando una precisa abitudine di costume, tipicamente italiana, di complicare cose che nascono semplici e che diventano poi astruse e arrovellate. Nelle quali ciascuno degli interlocutori vuole esprimere e accreditare a tutti i costi la sua posizione autoreferenziale, cercando di PREVALERE e non di CONDIVIDERE.

La MEDIAZIONE si pone, invece, come buon METODO ed efficace STRUMENTO per realizzare la condivisione.

Il mondo intero sta procedendo nella direzione della condivisione (*sharing*) di informazioni, dati, valori, esperienze, conoscenze, scoperte, emozioni, come mai successo sinora. E con un trend in aumento in progressione geometrica.

I Saperi Tecnici stanno convergendo in consilienza tra loro, aprendosi sempre di più alla Multidisciplinarietà di indagine in ogni fenomeno.

La condivisione sta generando un *pensiero collettivo comune*, senza limiti di territorio né di nazionalità, né di tempo, che diviene Opinione Pubblica *fluida* e che matura scelte e convinzioni.

Questo scenario, non più futuribile, ma attuale e immanente, è stato reso possibile dal felice connubio della **rete Internet** con l'aggiornamento software dei *Social Media* e con quello hardware dei nuovi *device* portatili, dei tablet, degli smartphone e dei pc portatili che consentono di essere sempre connessi in modalità **mobile**. Senza cioè dover essere per forza seduti dinanzi ad una postazione fissa di computer, localmente individuata.

La connessione migliorata tra persone e sistemi sta realizzando la Condivisione di valori, idee, esperienze, atteggiamenti, meme, emozioni, e sviluppando l'ottica collaborativa su quella competitiva.

La MEDIAZIONE è condivisione ed è PURE connessione per sviluppare collaborazione.

Connessione, Condivisione e Collaborazione sono elementi di successo nello sviluppo prossimo della Mediazione civile e commerciale e della sua utilizzabilità nel miglioramento pubblico di SistemaPaese.

L'importanza strategica per il Sistema Paese della **MEDIAZIONE** è riconducibile alla sua utilizzabilità quale **strumento d'unione e di coesione sociale**. La mediazione deve individuare la linea dei punti che uniscono, più che quelli che separano posizioni lontane e antitetiche.

La Mediazione in questo è un METODO di lavoro.

Il Progetto COMMUNICO: intuizioni e visioni sulla mediazione nel 2009

Già nel *marzo 2009*, ho immaginato nel mio **progetto COMM-UNICO** alcune visioni ed intuizioni sul futuro sviluppo della Mediazione, quando si chiamava ancora CONCILIAZIONE e quando doveva essere ancora varata la legge delega 69/2009 del successivo luglio 2009, e quando non esistevano neanche i decreti attuativi.

Quelle visioni e intuizioni si sono ora, retrospettivamente a distanza di oltre 3 anni, rivelate lungimiranti e *trendsetting*.

Il Progetto COMMUNICO sulla Mediazione prevede alcuni *pilastri di base* sulla diffusione della Mediazione in Italia, non solo come Istituto Giuridico a disposizione di una categoria professionale unica, ma come Istituto strategico di Sistema a disposizione di TUTTE le CATEGORIE

PROFESSIONALI, che nel Paese ammontano ad oltre 2 milioni di professionisti.

Nel **Progetto COMM-UNICO** avevo immaginato:

1) che la CONCILIAZIONE (ora Mediazione) doveva essere per **TUTTI i Professionisti** e non per una sola e limitata parte di essi, come invece si tendeva erroneamente ad accreditare all'epoca (2009). Il **SAPERE TECNICO** di TUTTI i Professionisti ritenevo poteva essere di grande aiuto alla buona riuscita del nuovo Istituto Giuridico della Mediazione, facendolo diventare Istituto Strategico e strumento per il miglioramento del Sistema-Paese, finalizzandolo alla riduzione della COMPLESSITA' e alla ricerca di SOLUZIONI FACILITATIVE e CREATIVE sul versante degli investimenti Pubblici, sul Patrimonio Pubblico e sul contenimento efficace della Spesa Pubblica (ora *Spending Review*).

2) Che in una fase di gravissima Crisi Sistemica come quella che stiamo vivendo a livello globale e per la quale tre anni fa assegnavo durata di 5/10 anni, le Professioni, nella loro totalità e nel rispetto delle peculiari competenze tecniche di ciascuna, potevano far emergere un rinnovato loro **RUOLO SOCIALE** nella collettività *(social footprint)*. Che ne avrebbe rinvigorito e rafforzato l'immagine dinanzi alla platea collettiva, accreditandone la permanenza come ancora necessarie, poiché foriere di **VALORE Sociale** da aggiungere e non da togliere. E che questo Ruolo Sociale potesse essere misurabile e suscettibile di emulazione *(mimesi)*, anche attraverso specifiche trasmissioni, format e *contest* televisivi, radiofonici, via Internet, e via Social Media.

3) Che per la buona riuscita della Mediazione finalizzata alla Conciliazione, si doveva insistere tanto sulla figura del Mediatore, quanto su quella del **FACILITATORE**, *negoziatore di parte*, promotore della conciliazione, accompagnatore, consulente di parte, assistente di fiducia alle trattative. Nella consapevolezza che il Mediatore/Conciliatore è soggetto in attesa di chiamata, mentre il **FACILITATORE** (negoziatore di parte) è soggetto propulsivo, propositivo e *pro-attivo* rispetto alla creazione dei FLUSSI di MEDIAZIONI. Il mediatore attende che venga nominato, mentre il Facilitatore ricerca clienti da accompagnare in Mediazione e quindi ne contribuisce strategicamente allo sviluppo. **Il FACILITATORE è professionista "PUSH"** ovvero è lui che spinge la Mediazione verso un determinato Organismo e lui che consiglia la parte di cui gode fiducia, di andare in mediazione con la propria assistenza professionale. Il Mediatore attende solamente che venga nominato dall'Organismo nel quale la Mediazione è **GIA'** approdata. IL FACILITATORE poi consente la realizzazione della *Mediazione Telematica*, essendo punto di referenza con il suo Studio e le sue attrezzature informatiche, per la gestione efficiente e in via delocalizzata e remotizzata della procedura, lontano dal centro di mediazione.

4) Che occorreva definire un **TREND**, una linea di tendenza collettiva, quasi una moda, un *trend-topic*, che identificasse l'atteggiamento mentale e d'animo per affrontare questo nuovo Istituto della Mediazione, di tipo *strategico-sociale prima che giuridico*, trend che io ho definito **PAX-APPEAL**, identificando – del pari del Sex-Appeal- *l'irresistibile attrazione emozionale all'approccio di gestione consensuale, pacifica e creativa del conflitto*, al posto dell'abitudine allo scontro tra posizioni e alla vana litigiosità non incanalata. **Avversarialità come abitudine che lascia il posto alla Mediabilità come nuova abitudine**, passando dall'*ars dimicandi* all'*ars conciliandi* con tutte le sue appendici di formazione, divulgazione e diffusione nell'immaginario collettivo.

5) Che lo sviluppo della Mediazione così organizzata avrebbe consentito alle Professioni di realizzare un efficace **PATTO INTERGENERAZIONALE** tra *Professionisti Giovani (Juniores) e Professionisti Anziani (Seniores)*, poiché avrebbe aperto ai primi le porte di nuove opportunità lavorative professionali, tali da concorrere al mantenimento in equilibrio delle Casse Professionali a vantaggio dei secondi. Il concetto è di una certa rilevanza proprio ora che si prospetta dinanzi a noi un periodo di Crisi lunga e defatigante, soprattutto sotto la voce redditi professionali, in drammatico calo per pressoché tutte le professioni, come riportato in questi giorni dai più autorevoli quotidiani italiani, secondo i quali le riduzioni di fatturato 2012 dei professionisti potrebbero arrivare a -40% rispetto all'anno precedente. Infatti l'onda lunga della crisi finanziaria produce la crisi economica e poi quella professionale. Ed è esattamente quello che avviene adesso. Ferme rimanendo le spese da sostenere, che portano le professioni ad un rischio "di sottozero" nei redditi, in

quanto le spese fisse dello Studio e del "fare professione" sono comunque da onorare , anche nell'ipotesi di forte contrazione e sistematica riduzione tendenziale verso zero dei fatturati professionali.

6) Che il vantaggio che le Professioni, tutte le Professioni, avrebbero potuto dare all'Istituto della Mediazione avrebbe consentito una serie di **risparmi collettivi di Sistema-Paese** sotto l'ottica di minori costi sociali per: spese sanitarie di diagnosi, cura e trattamento di malattie che ingenerano dal conflitto e dalla sua diuturna perpetuazione (malattie cardiache, mentali, stress, somatizzazioni, interiorizzazioni e sfoghi incontrollabili, etc...), ma anche minori spese di gestione ordinaria del conflitto stesso, minori spese di traffico spostamento ed inquinamento per esigenze di mobilità connesse al modo tradizionale di affrontare il conflitto, e minori spese amministrative. Questo avrebbe permesso la liberazione di Risorse Nazionali dal conflitto ed anche l'emersione di *Best-Practices* **collettive** (buone prassi)

nell'affrontare *problematiche seriali* che potevano essere trattate con l'esperienza di mediazione di un buon precedente di successo, ed applicate in via replicativa successiva. Ed anche con la diffusione nei Mass Media, tradizionali e nuovi Media, delle esperienze pratiche in tal senso.

7) Che la gestione **INFORMATICA** e **TELEMATICA** della Mediazione/Conciliazione, che ho definito MEDIAZIONE FACILITATA via internet, avrebbe consentito la realizzazione dei punti precedenti. Gli attuali strumenti telematici e di comunicazione digitale consentono la gestione della Mediazione con efficienza e con grande efficacia. Le piattaforme telematiche cui facevo riferimento sono a basso costo (tipo Skype) e realizzabili sin da subito negli Studi Professionali. O almeno in quelli più avanzati sulla frontiera tecnologica. **La Mediazione telematica sarà una delle direttrici strategiche principali di sviluppo futuro dell' Istituto. Perché remotizza e delocalizza lo svolgimento**

dell'intero percorso di mediazione e consente enormi efficienze di struttura.

La mia proposta: sviluppare la mediazione su Internet e il ruolo del Facilitatore

La **PROPOSTA** che faccio ora ai miei illustri ed attenti interlocutori dello *Speakers Corner* è quella di dare un convinto IMPULSO alla **Mediazione su internet.**

La **Mediazione su INTERNET,** così come l'avevo immaginata nel Progetto COMMUNICO nel marzo 2009, è un MODO di gestire la mediazione, attraverso il quale le parti in lite si incontrano insieme ai loro consulenti di fiducia (=NEGOZIATORI DI PARTE), che hanno la funzione di promotori della conciliazione, e di **facilitatori** nella ricerca di un possibile accordo massimamente conveniente per entrambe. I consessi di mediazione si svolgono PREVALENTEMENTE in via remota e digitale tramite gli Studi dei Facilitatori collegati al Mediatore-Tutor in via telematica su reti ADSL o simili.

Il Facilitatore o NEGOZIATORE di parte, quale espressione di pax-appeal, ha l'ottica di fare il massimo per arrivare ad un accordo, al fine di tutelare il mantenimento dei rapporti dei clienti e gli interessi collettivi, e riveste un RUOLO FONDAMENTALE poiché PROMUOVE LA MEDIAZIONE, ASSISTE LA PARTE quale negoziatore di fiducia, e INDIRIZZA i flussi di mediazione all'organo di Mediazione accreditato, che più ritiene competente per la materia trattata o idoneo al caso di specie.

Avevo previsto che nel tempo sarebbe venuta a stabilizzarsi l'attività principale degli Organismi Centri di Mediazione, rivestita in via principale dalla formazione a pagamento dei Mediatori, per lasciare spazio all'attività "sul campo" nella attrazione e gestione delle mediazioni. I Centri di mediazione sono ora in feroce competizione tra loro sullo stesso mercato di riferimento (*marketplace*) delle mediazioni da attrarre e da gestire.

Sicché prediligere il rapporto con i Facilitatori avrebbe consentito in via strategica di direzionare più o meno efficacemente i flussi di mediazione a questo piuttosto che a quell'altro Centro. La mole di flussi informativi, conciliativi e di via vai di persone potrà essere gestita non con modalità tradizionali, bensì con **modalità innovative, informatiche e remotizzate**, nell'ottica della DELOCALIZZAZIONE delle Mediazioni, attraverso le quali il facilitatore potrà essere PUNTO DI REFERENZA per i propri clienti, ed anche dei Centri.

Il **FACILITATORE**, quale Professionista Negoziatore di Parte, è FIGURA ASSAI PIU' STRATEGICA del MEDIATORE, poiché quest'ultimo gestisce la procedura di Mediazione, solo DOPO che la stessa è stata attivata. Mentre il primo ne è il promotore. Le due figure professionali, Mediatore e Facilitatore, sono assolutamente SEPARATE e DISTINTE.

Ampia è la libertà dei "Facilitatori di fiducia" di esplorare proposte o soluzioni. Il Centro di Mediazione scelto dalle parti fornisce il Mediatore e opera come anello di congiunzione mediante servizi centralizzati di TUTORAGGIO, di rilancio e di riferimento, di NETWORKING, nonché di indicazione di possibili soluzioni "OPEN SOURCE" da sviluppare a cura dei Facilitatori.

I Facilitatori delle parti operano in tal modo come SVILUPPATORI delle basi dell'accordo, in assistenza delle rispettive parti/clienti. Sono i consulenti di negoziazione.

Il Centro di Mediazione mette a disposizione un proprio mediatore/tutor, che opera prevalentemente in modalità informatica via internet, attraverso scambio documentale in formato digitale (*sharing docs*) e videoconferenza MULTIPLA con i facilitatori delle parti via web e con le parti stesse.

Le parti si riuniscono presso lo Studio dei propri rispettivi Facilitatori, e il Mediatore presso il suo Studio individuale o presso il Centro di Mediazione.

Senza troppi spostamenti fisici delle parti, né dei loro consulenti negoziali e neppure del Mediatore, viene superato il limite fisico dell'ampiezza del Centro di Mediazione, e il limite temporale della successione degli appuntamenti presso lo stesso **(Delocalizzazione e Remotizzazione delle Procedure)**.

Il Mediatore poi, recuperando tempo prezioso, può efficacemente svolgere la propria opera in **MULTITASKING**, operando in contemporanea su più mediazioni insieme. Sicché in tal modo il mediatore può riguadagnare maggiore profittabilità circa i suoi non elevati compensi, proprio grazie alla possibilità di gestire incarichi multipli in contemporanea tra loro. E si rende anche più compatibile l'*aspettativa del sinallagm*a di quanto il mediatore riceve come compenso rispetto a quanto lavoro svolge per condurre la mediazione, posto che il "grosso" dell'opera viene svolto dai Facilitatori.

Il verbale dell'accordo finale può essere trasmesso e sottoscritto dalle parti e dai loro Facilitatori come scambio di corrispondenza informatica mediante P.E.C. (Posta Elettronica Certificata), con o senza firma digitale, e possiede data certa di sottoscrizione.

Tale fase conclusiva della Mediazione, al fine di non incorrere nel divieto di celebrare "tutto" il procedimento in digitale, come previsto dal D.M. 180/2010 ("esclusivamente"), può essere efficacemente svolta presso il Centro di Mediazione *de visu* tra le parti.

Solo in questa fase finale, quindi, e non già per tutta la durata delle fasi preparatorie propedeutiche all'accordo, le parti potrebbero incontrarsi "dal vivo" al Centro per sottoscrivere, insieme ai loro Facilitatori e al Mediatore-tutor, il verbale di accordo della Mediazione.

Si capirà subito che tale attività, certamente, può essere programmabile con facilità sull'agenda del Centro, essendo una mera fase formale, alla quale si è giunti con la preziosa attività preparatoria svolta da remoto dai Facilitatori (insieme alle loro parti) e dal Mediatore, tutti dai loro rispettivi Studi professionali.

Tale ultima fase si presta, come è evidente, ad una efficiente STANDARDIZZAZIONE di atti e comportamenti, che non ha paragone con le fasi preparatorie dell'accordo, per loro natura non preventivabili quanto a durata e quanto a numero di riunioni e consessi

Facendo svolgere tutto il "grosso" dell'attività da remoto e in via delocalizzata attraverso gli Studi Professionali dei Facilitatori e sotto l'egida di tutoraggio del Mediatore, il Centro si troverà a lavorare solo sulla formalizzazione dell'accordo, assegnandone a ciascuna mediazione un tempo e un orario standardizzato, e così facilmente programmabile, senza imprevisti, né slittamenti a catena. Si comprenderà allora, come in tal modo strategico concepita, la MEDIAZIONE potrà avere una diffusione alquanto pervasiva (direi pandemica) poiché implementabile e delocalizzabile fin da subito per il tramite degli Studi Professionali già esistenti, in quanto necessita, a parte la preparazione di base dei Professionisti-Facilitatori, semplicemente di un PC, una web cam HD, un collegamento ADSL o XDLS in banda larga, un software di interconnessione e condivisione in sharing documentale low-cost via internet (come Skype o come Google Apps Premium o altri simili).

Strutture di base queste, che perlopiù sono già presenti presso gli Studi Professionali. O almeno in quelli dei più giovani. Le opportunità ritraibili in termini di compensi e di sviluppi professionali, atteso il vastissimo mercato di riferimento, sono di sicuro interesse. Soprattutto in questo momento.

Se la cosa poi potesse trovare luogo negli ulteriori Decreti Regolamentari attuativi della legge 69/2009 o in qualche loro emendamento, sarebbe un alto valore di spendibilità politica in quanto **senza obbligo di fonti di finanziamento (quindi a costo sociale ZERO)**, e in quanto direzionato a favore di una categoria, quella Professionale, che meno di altre può contare su forme alternative di welfare e di sostegno in un momento di grave Crisi economica, che erode quote rilevanti dei compensi professionali. La Categoria che riunisce tutti Professionisti italiani - allo stato - conta oltre due milioni di appartenenti.

I Facilitatori delle parti, essendo consulenti negoziali di fiducia, verranno dalle stesse pagati a *tariffa professionale* o a *forfait* preconcordato in anticipo. Il Centro di Mediazione e il Mediatore verranno pagati secondo le tariffe di mediazione dallo stesso stabilite, salva la possibilità del recupero del beneficio fiscale per entrambe le parti, come prevista dalla Legge 69/2009 e Dlgs 28 del 04.03.2010. Il Credito di imposta è stato stabilito dall'art 20, 1° comma DLgs 28/2010, a favore di ciascuna parte in € 500,00 per il caso di raggiungimento dell'accordo, e in € 250,00 per il caso di non accordo.

Quale scenario per la mediazione?

Penso che la MEDIAZIONE non ha ancora avuto la giusta considerazione da chi è chiamato ad applicarla (tecnostruttura) e da chi la può utilizzare (cittadini e imprese), perché i numeri ancora non danno troppa soddisfazione.

La Mediazione non è la panacea di tutti i mali che affliggono il nostro Sistema Paese. Non tutte le controversie poi possono essere risolte in mediazione, vediamo ad esempio quelle liti meramente dilatorie che hanno come unico obiettivo quello di sottrarsi al pagamento di somme di denaro e che fanno leva sui tempi atavici della giustizia per allontanare il momento della restituzione.

Tuttavia la MEDIAZIONE è un BUON METODO che andrebbe coltivato e diffuso meglio.

Immagino nel prossimo futuro che il procedimento di mediazione si possa concentrare in un tempo **sufficientemente breve, ma molto intenso,** e che possa essere gestito con il **ricorso MASSICCIO alla tecnologia digitale e alle forme di connessione** attualmente disponibili nell'arco delle 24 ore. Senza soluzioni di continuità fino ad arrivare all'accordo condiviso, perché l'intercettamento del libero accordo non accetta fissazioni di giorni e orari rigidi di trattative che hanno solo convenzionalmente un inizio e una fine, ma è qualcosa in divenire , in cui le interazioni tra le parti possono essere lasciate libere di fluire senza vincoli di orari e di strumenti digitali.

La mediazione è una *procedura a formazione emozionale prima che giuridica,* che vede la partecipazione emotiva delle parti in via prevalente sui loro consulenti, e l'utilizzo di meccanismi digitali di connessione e condivisione, come strumenti privilegiati di articolazione di proposte e controproposte.

Immagino che la MEDIAZIONE possa essere gestita in fase negoziale attraverso una **PLURALITA' di strumenti digitali** che possono operare in completa delocalizzazione e remotizzazione delle parti che vi partecipano, soprattutto in modalità *mobile*, eliminando tutte le attività che siano solo a corollario della negoziazione pura, prime tra tutte gli spostamenti fisici. E quando parlo di strumenti mi riferisco non solo al telefono, all'ormai superato fax, alla mail, all'audioconferenza VOIP, o alla videoconferenza su SKype o su sistemi dedicati. Con l'uso professionale dei nuovi device portatili di ultima generazione tipo Iphone, Ipad, tablet, windbook, smartphone etc... e con la conoscenza dei Social Network si possono trovare spazi ancora poco praticati di **sviluppo creativo e innovativo della MEDIAZIONE.**

Spazi che sono tutti da scoprire, ma che faranno grande leva sulla spinta emozionale e partecipativa delle parti verso un accordo condiviso e auspicabilmente duraturo.

Immagino che la **FLUIDITA'** del percorso di MEDIAZIONE può prevalere sulla STATICITA' degli appuntamenti fissi al Centro di mediazione, dove far intervenire tutte le parti coi loro consulenti e con spendita di grandi energie intermedie non finalizzate a negoziazione.

Lo scambio di documenti e di atti, di proposte e controproposte, di file, di immagini, di video, di audio, di fogli di calcolo, di foto e schemi, di radiografie e presentazioni, di materiale multimediale di ogni tipo , può FLUIRE tra le parti e i loro consulenti negoziali per tutto l'arco delle 24 ore di tutti i giorni in cui la procedura di Mediazione dura, perché questo assicura che le parti partecipino emotivamente fino in fondo alla "loro" mediazione. E sentano l'accordo come un "loro" esclusivo e geloso prodotto, cui hanno contribuito con grande profusione e spendita di energie.

A patto però che i loro professionisti negoziatori di parte (facilitatori) siano su una sufficiente ed aggiornata frontiera digitale e comprendano l'uso degli strumenti da usare e da far usare. E soprattutto la tempistica strategica di utilizzo.

Questo farà la differenza nei prossimi anni tra i Professionisti Digitali e le loro capacità di rimanere sul mercato delle rispettive Professioni.

Del resto DARWIN sosteneva che non è la più forte della specie quella che sopravvive, ma quella più reattiva al CAMBIAMENTO. E il cambiamento è già iniziato.

Contatti:

Studio Boccanera- dottori commercialisti e avvocati in network- via Latina, 49, 00179 Roma.

Tel: 06.77.07.36.80

Fax: 06.77.07.36.81

Mail: info@studioboccanera.com

Twitter: @gmboccanera, @studioboccanera

Skype: gian.marco.boccanera

Web: www.studioboccanera.com